213°

OBSERVATIONS

PRÉSENTÉES A MONSIEUR

LE VICOMTE DU HAMEL,

MAIRE DE LA VILLE DE BORDEAUX,

PAR LE

DIRECTEUR DES THÉATRES

DE LA MÊME VILLE.

A BORDEAUX,

CHEZ LAVIGNE JEUNE, IMPRIMEUR DU ROI ET DE S. A. R. Mgr. LE DAUPHIN
RUE PORTE-DIJEAUX, N.° 7.

OBSERVATIONS

PRÉSENTÉES A MONSIEUR

LE VICOMTE DU HAMEL,

MAIRE DE LA VILLE DE BORDEAUX,

PAR LE

DIRECTEUR DES THÉATRES

DE LA MÊME VILLE.

MONSIEUR LE MAIRE,

EN me rendant adjudicataire de l'entreprise des spectacles de la ville de Bordeaux, j'ai dû compter autant sur la protection et la bienveillance de l'administration municipale que sur la stricte exécution des obligations qu'elle contractait envers l'adjudicataire ; et, je dois l'avouer, pendant un an j'ai eu à me louer de mes rapports avec elle et de l'empressement qu'elle a mis à favoriser mon entreprise ; je lui en ai témoigné ma reconnaissance toutes les fois que l'occasion s'en est présentée ; j'ai cherché à lui être agréable en me faisant un devoir de me conformer à ses moindres désirs, en sacrifiant même souvent jusqu'à mes intérêts.

Je ne peux donc deviner, Monsieur le Maire, d'où vient aujourd'hui la funeste opposition que j'éprouve dans mon entreprise ; mais il est certain que toutes les mesures que je prends pour la faire marcher se trouvent contre-carrées de la manière la plus affligeante pour moi, ou la plus nuisible au public, aux pauvres et aux recettes.

J'ai beau rechercher en quoi j'ai pu déplaire, ce qui a pu m'attirer cette persécution sourde et indirecte qui m'humilie et me désole dans le but évident de ruiner mon entreprise.

Dans une si pénible position, je dois porter mes doléances au premier magistrat de la ville, avec l'intime conviction qu'il ignore une grande partie de ce que j'ai déjà souffert et ce que je souffre chaque jour sans me plaindre, dans l'espoir que ma patience et ma modération apaiseraient cet esprit de tracasserie qui me poursuit sans relâche depuis sept ou huit mois. Je dois recourir à ce moyen, car mon silence, bien loin de désarmer la persécution, paraît au contraire lui donner une nouvelle intensité. Je dois donc le rompre dans l'intérêt de mon entreprise, dans l'intérêt du public, dans l'intérêt même bien entendu de l'administration municipale, gravement compromise par les conséquences qui peuvent résulter des faits que je vais avoir l'honneur de vous exposer.

C'est à l'ami des arts autant qu'à l'administrateur que je m'adresse ; c'est au protecteur né des théâtres de Bordeaux, que le Directeur de ces mêmes théâtres adresse de trop justes plaintes ; elles seront donc écoutées et accueillies avec tout l'intérêt qu'elles doivent inspirer.

Je n'ai pas besoin de vous rappeler, Monsieur le Maire, que dans l'état de civilisation où nous sommes parvenus, les spectacles sont devenus un besoin de première nécessité, sur-tout pour les grandes villes ; que c'est au théâtre que nous devons, au moins en grande partie, cet esprit de civilisation qui, depuis deux ou trois siècles, nous mène avec tant de rapidité aux institutions et aux découvertes les plus propres à faire le bonheur de l'espèce humaine. Il est au moins bien incontestable qu'il épure le langage, qu'il instruit et orne l'esprit, qu'il adoucit les mœurs, qu'il corrige les ridicules et donne aux passions même une direction favorable à la société.

Mais à tous ces avantages il en réunit un bien important pour le Gouvernement et pour la tranquillité publique : c'est pour l'autorité un levier d'autant plus puissant, qu'il agit sans être aperçu, par l'attrait du plaisir dont une administration éclairée se sert habituellement pour diriger l'opinion ; pour émousser et pour enchaîner en quelque sorte cet esprit d'inquiétude qui court à la nouveauté, qui aime les changemens, et à qui il faut nécessairement un aliment, quel qu'il soit, pour

occuper son activité. L'homme ne peut pas toujours travailler;
il lui faut un délassement. Après avoir employé la journée à
ses affaires, aux travaux de sa profession, il vient le soir admi-
rer les chefs-d'œuvre de la scène française, s'attendrir sur de
grandes infortunes ou s'égayer, en se corrigeant, par la pein-
ture des ridicules de ses semblables : le cœur ému ou l'esprit
amusé, l'homme sort meilleur du spectacle, ou moins disposé
à troubler l'ordre public ou la tranquillité de l'État.

Cette grande pensée de puiser dans le théâtre le moyen doux
et puissant à la fois de manier l'esprit d'une nation, de l'éclai-
rer en l'amusant, de la diriger sans effort vers le but auquel
elle doit tendre, n'a point échappé aux hommes d'État qui
s'occupent du bonheur et de la tranquillité de ceux dont ils
administrent les plus chers intérêts : ils ont tous pensé que le
plus sûr moyen de tirer du théâtre cet effet salutaire, était d'encourager, de protéger les Directeurs de spectacles, d'obtenir
d'eux, par des récompenses, des représentations extrêmement
soignées, et un choix de pièces propres à produire et à perfec-
tionner tous les effets de l'art théâtral.

Voyez, Monsieur le Maire, avec quelle sollicitude le Mi-
nistre de l'intérieur en parle dans sa circulaire du 12 Août 1814,
article 19 : « Les Directeurs sur lesquels viennent des notes fa-
» vorables, ceux qui ont fait un meilleur choix des pièces,
» qui ont le plus soigné les représentations, qui ont, enfin,
» rempli leurs engagemens, sont dans le cas D'OBTENIR DES RÉ-
» COMPENSES ».

Si je n'obtiens pas de récompenses, Monsieur le Maire, quoique j'aie fait un excellent choix de pièces , que j'ai soigné mes représentations et que j'aie rempli mes engagemens , que du moins je ne sois pas entravé et privé des personnes et des moyens qui sont indispensables à mon entreprise , au soin des représentations.

Je sais bien , Monsieur le Maire , que je n'écris rien de nouveau , ni qui ne vous soit parfaitement connu , mais j'avais besoin de rappeler ces principes pour en tirer la conséquence nécessaire que si le théâtre a acquis parmi nous une si grand importance , s'il fait partie de nos institutions , s'il offre à l'esprit humain , à la civilisation et aux gouvernemens de si grands et si nombreux avantages, il faut encourager, il faut protéger fortement, non-seulement les auteurs qui l'alimentent, mais encore ceux qui se chargent de la périlleuse entreprise , à leurs frais et risques, d'ouvrir un spectacle.

Personne mieux que vous, Monsieur, ne peut apprécier les charges énormes et de tous genres qui pèsent, sur-tout à Bordeaux , sur la tête du Directeur des théâtres. Si , l'autorité, au lieu de l'entourer de sa bienveillance , au lieu de le protéger, de l'aider de tous les moyens qui sont en son pouvoir, le tracasse, le fatigue, lui refuse dans un temps et sans motifs, ce qu'elle lui a accordé dans un autre ; si elle le soumet à des formalités qui sont en dehors de ses obligations , à des réglemens minutieux, sans utilité et très-souvent inexécutables, à moins d'entraver ou de suspendre les représentations , on le décourage, on le ruine ; les représentations languissent, les acteurs souffrent, le public s'impatiente, l'autorité ne calme pas toujours facilement cette irritation ; elle est embarrassée, souvent compromise, pour n'avoir pas à temps réprimé l'excès de zèle de ses agens; pour n'avoir pas empêché qu'un Directeur devînt la victime d'un esprit de tracasserie.

Voilà, Monsieur le Maire, le tableau peu agréable, mais vrai de ce que j'ai à souffrir actuellement, de ce qui fait le sujet des Observations que j'ai l'honneur de vous adresser.

Les faits sont graves, ils sont nombreux. Mon intérêt, horriblement froissé, ne me permet plus de garder le silence. L'autorité elle-même reconnaîtra, je l'espère, qu'elle a été trop loin en me refusant une protection et les secours que j'avais le droit d'attendre d'elle, et qu'elle ne m'avait pas refusés dans la première année de mon administration.

Pour bien apprécier les faits dont je me plains, je crois indispensable d'examiner rapidement quels sont mes devoirs envers l'autorité, quels sont les droits que transmet à un Directeur des théâtres le bail qu'il fait avec l'administration municipale, quelles sont, enfin, les limites de l'autorité de cette administration, soit sur le Directeur, soit sur son entreprise.

Ses devoirs comme ses droits, ceux de l'administration doivent se trouver dans l'acte qui lie les parties contractantes, dans le cahier des charges auxquelles le Directeur s'est soumis en prenant cette entreprise, quoique quelques-unes de ces clauses soient aussi extraordinaires qu'inexplicables, telle par exemple que celle qui lui enlève le droit de nommer les portiers et concierges de l'édifice dont on lui abandonne la jouissance, dont il est le locataire, en lui imposant l'obligation de payer leurs

gages arrêtés d'avance par l'administration ; il semblerait pour-
tant assez naturel que les gens qu'il paye fussent entièrement à
sa disposition, et que leur traitement fût au moins l'objet d'une
convention particulière entr'eux et le Directeur ; car s'il n'était
pas mieux servi il pourrait sans doute l'être à meilleur marché.

De toutes les clauses qui composent le cahier des charges, il
y en a sans doute qui sont de rigueur, mais il en est quelques-
unes qui ont paru susceptibles de quelques modifications : l'article 29, par exemple, prescrit de n'employer le mobilier théâtral qu'au Grand-Théâtre. Cependant il se trouve dans le mobilier des objets indispensables pour les représentations des
Théâtres des Variétés, et qui sont d'une mince valeur.
Pendant trente ans l'administration n'a fait nulle difficulté
de les mettre à la disposition des Directeurs pour les théâtres
secondaires, et moi-même j'en ai joui pendant dix-huit mois.

Si j'ai rempli scrupuleusement mes obligations, je peux
bien parler maintenant des droits que me donne mon bail,
que me donnent les lois, les réglemens exclusifs au théâtre.
Premièrement, je dois jouir sans trouble des appartemens que
j'occupe, et quoique Directeur et Entrepreneur je pense que
mon domicile doit être aussi sacré que celui du plus obscur des
citoyens.

Toutes les parties de la salle comprises dans mon bail,
sont entièrement à ma disposition dans les jours et aux
heures où le public n'y est pas admis, pour l'usage auquel
elles sont destinées. Ainsi, dans les répétitions je dois être
le maître d'y faire assister qui bon me semble ; d'en exclure

les personnes qui n'ont aucun droit d'y être présentes , et qui n'ont leurs entrées gratuites que pour les représentations.

En second lieu , l'administration peut bien placer extérieurement la force armée pour la tranquillité et la sûreté du public ; mais elle ne peut l'appeler dans l'intérieur que dans le cas où sa présence serait indispensable , et j'ai le droit incontestable d'empêcher qu'aucun militaire ne se présente dans la salle pour jouir gratuitement du spectacle ; j'ai sur-tout, en me fondant sur la loi, le droit d'empêcher que la force ne pénètre dans la salle ni avant, ni pendant, ni après les représentations , parce qu'avant et après ce serait attenter au droit que j'ai de jouir de la salle et de ses accessoires pendant les représentations ; ce serait une violation formelle de la loi. Tout cela est écrit dans le cahier des charges, ou résulte évidemment de la combinaison et de l'esprit des clauses qui y sont énoncées.

Je ne crois pas , Monsieur le Maire , qu'on puisse raisonnablement soutenir que les droits que j'invoque ne résultent pas invinciblement de mon contrat. Tout ce qui ne m'est pas interdit textuellement m'est permis ; par cela même , tout ce que l'administration n'a pas expressément réservé, ne fait nullement partie des droits dont elle doit jouir elle-même. Si elle m'a imposé des obligations , j'ai fait de mon côté des conditions. Nous étant mis d'accord , nos conventions sont devenues synallagmatiques ; et c'est alors que l'administration s'est obligée « de me faire jouir pleinement et paisiblement , sans aucune » rétribution locative , de la salle et de ses dépendances , du » mobilier , et en outre de tous les avantages généralement » quelconques qui devraient résulter en ma faveur , du cahier

» des charges, ainsi que des droits et prérogatives résultans en
» faveur de mon établissement, des lois, ordonnances, dé-
» crets, réglemens et arrêtés déjà intervenus ou à intervenir :
» le tout sans garantie des modifications qui pourraient surve-
» nir par suite des ordres de l'autorité ». (*Art. du cahier
des charges.*)

Ceci me conduit, Monsieur le Maire, à l'examen de mes
rapports avec l'administration, à me demander ce que je suis
pour elle, ce qu'elle est pour moi ; à provoquer des explications sur l'autorité que l'administration a ou croit avoir sur ma
personne, sur celles que j'emploie pour le service de mon entreprise, enfin, sur mon entreprise elle-même. Cet examen
vous étonnera peut-être actuellement : quand vous m'aurez lu,
vous le trouverez naturel ; je dois même d'avance vous faire
connaître la circonstance qui l'a provoqué : l'un de MM. vos
adjoints (M. de Comet) disait un jour froidement, à l'un de
mes commanditaires que je nommerai au besoin, qu'un Directeur devait avoir constamment son bonnet de nuit dans sa
poche, pour aller coucher en prison toutes les fois que MM.
les adjoints le trouveraient convenable.

J'ai bien le droit, maintenant, de demander si ce propos
forme le dernier état de jurisprudence municipale, ou si ce
n'est qu'une plaisanterie échappée à l'irréflexion.

Suis-je, en effet, tellement subordonné à l'administration,
qu'on puisse me tourmenter la nuit et le jour, qu'on puisse
m'humilier, me nuire et m'envoyer en prison ?

2

On ne préconisera pas ostensiblement une pareille doctrine ; mais on agit avec moi comme si elle était à l'ordre du jour. Que m'importe donc que la lettre de la loi me protège, si l'au torité me persécute ? Il faut enfin qu'on s'explique ; car je n'ai point entendu, en me chargeant de l'entreprise des théâtres, être exposé au caprice ou à l'injustice du premier fonctionnaire municipal qui se croira l'arbitre de mon entreprise, le censeur de toutes mes actions, un juge souverain pour me punir ou m'absoudre ; pour me commander ou me défendre des choses également inexécutables ; enfin, pour me priver de ma liberté ou me la rendre suivant son bon plaisir.

Cette position serait intolérable pour quelqu'un qui aurait un caractère moins indépendant que le mien. Jugez mainte-nant, Monsieur le Maire, à quel point j'ai poussé la déférence en passant jusqu'à ce jour sous silence tout ce que j'ai eu à souf-frir, sur-tout avec la conviction que je n'avais rien à me repro-cher, rien qui eût pu mériter même un léger blâme.

Il me semble qu'en traitant avec l'administration, en prenant la direction des théâtres, je ne me suis assujéti envers elle et envers chacun de ses membres, qu'à exécuter les clauses de mon bail, comme elle s'est engagée, elle-même, à m'en lais-ser et à m'en faire jouir paisiblement ; qu'aucune des parties n'a le droit de faire mettre l'autre en prison en cas d'inexécu-tion du contrat ; que cette inexécution, de part et d'autre, peut bien amener des discussions, un procès devant l'administration supérieure ou devant les Tribunaux, des demandes en dom-mages-intérêts, la résiliation même du bail ; mais je n'ai point entendu compromettre ma liberté ni donner à personne le droit d'y attenter arbitrairement. Quoique je dirige des théâtres , que je paye des acteurs, et que je donne des spectacles au public, je ne suis pas pour cela hors de la législation qui régit les autres citoyens ; et je soutiens que le droit de mettre un Directeur en prison ne peut dépendre ni du caprice, ni de l'arbitraire : s'il est, comme tout le monde, responsable de ses fautes ou de ses délits ; s'il est passible de peines , ce n'est que comme tout le monde qu'il doit être accusé , poursuivi et condamné. En souscrivant le bail de l'entreprise des théâtres , je n'ai point entendu donner sur ma personne un droit aussi exorbitant , et je l'abandonnerais demain si j'apprenais qu'un pareil droit est virtuellement compris dans les clauses de ce bail.

Des consignes données par M. de Comet.

Deux actions doivent être parfaitement distinctes dans un théâtre : celle de la police , qui a pour objet le maintien du bon ordre , la répression des contraventions aux réglemens ; celle de l'Entrepreneur-Directeur , qui se rapporte à tout ce qui touche au personnel des acteurs et autres employés , à la mise en scène des ouvrages , aux répétitions et aux représentations.

La police embrasse la salle et ses accessoires, c'est-à-dire , l'espace où se réunit le public.

L'Entrepreneur dispose exclusivement des théâtres et de leurs dépendances ; là il est maître absolu, et la police ne doit s'y présenter , à moins de désordre , que lorsqu'elle est requise par le Directeur ou si elle avait quelques ordres à donner.

On conçoit que s'il en était autrement, il y aurait confusion, conflit, et que le Directeur, gêné dans son action , ne pourrait plus diriger à son gré et assurer le succès de ses combinaisons.

Ces principes résultent , non-seulement des lois et des réglemens généraux qui régissent les théâtres , mais encore des usages constamment suivis dans toute la France , et notamment à Paris , où la présence de l'autorité supérieure a toujours ramené à l'esprit de ses réglemens.

On va voir si , dans les mesures qu'il a prises, dans les consignes qu'il a données , M. de Comet a suivi ces principes.

Depuis trente ans que le Théâtre-Français est ouvert au public , les propriétaires de cet édifice avaient constamment été admis sur le théâtre , soit pendant la représentation , soit avant ou après : intéressés à la conservation de ce bâtiment, on avait compris que leur surveillance serait beaucoup plus efficace que celle qui serait exercée par le Directeur ou par ses agens , ou par ceux de l'autorité : on avait même , en agissant ainsi, obéi à nos lois qui veulent que le propriétaire ait toujours le droit de veiller à la conservation de la chose louée.

M. de Comet a pensé autrement : dans la consigne qu'il a donnée , il a exclu les propriétaires, MM. Rousson et Gilibert : le premier, syndic des propriétaires de la salle , pour une moitié ; le second, propriétaire pour l'autre moitié ; et maintenant je suis privé de la sécurité que m'inspirait leur présence pendant la représentation , car alors j'étais bien sûr que si des quinquets ou des lampes étaient trop rapprochés des frises, ils engageraient à les en éloigner ; que si une pièce d'artifice devait être tirée à côté de matières inflammables, ils feraient aussi des observations qui préviendraient le danger.

Il a également exclu, par la même consigne, mon tapissier qui a besoin, pendant la durée des représentations, de faire des préparatifs ou des dispositions pour celle du lendemain ; mes médecins, qui viennent voir l'artiste auquel ils ont ordonné la veille, et quelquefois le jour même, un remède, une application de sangsues, etc.

Mais M. de Comet, qui a refusé l'entrée des théâtres à ceux que leurs fonctions y appellent, a permis à MM. les généraux commandant la division et le département d'y aller : certes, je suis loin de m'opposer à ce qu'ils y viennent lorsqu'ils le croiront convenable ; mais dès que leur présence n'est pas nécessaire, où M. de Comet a-t-il puisé le droit de leur accorder cette faveur par un acte émané de lui ?

Ou je me trompe fort, ou, comme je l'ai dit plus haut, cette partie de la salle doit être exclusivement à ma disposition ; seul j'ai le droit d'y appeler les personnes qui me sont utiles, et les autorités ni la police elle-même ne peuvent y venir qu'autant que j'y donne mon assentiment, ou que je leur adresse une réquisition, ou parce qu'ils auraient des ordres à donner.

Établissant ainsi mes droits , vous devez juger que j'ai dû être surpris de me voir figurer sur cette consigne, et d'apprendre qu'elle permettait au portier que *je paye* de me laisser entrer dans un lieu dont je suis locataire ; mais je ne puis y faire passer un de mes commanditaires , un ami , un parent , pas même une personne attachée à l'administration des beaux-arts. Cette règle , dont on me fait une si sévère application , est cependant facilement écartée lorsqu'il s'agit des amis et des protégés de M. de Comet ; sur son ordre la porte de mes théâtres s'ouvre devant eux.

Ainsi , moi Directeur-Entrepreneur et locataire , je ne puis introduire personne dans ce lieu ; et M. de Comet, et MM. les Commissaires de police , qui ne peuvent entrer dans aucune partie des théâtres s'il ne sont dans l'exercice de leurs fonctions, y viennent tous les soirs et y font entrer, sans ma participation , les personnes qui leur convient de favoriser, sans motif.

Ce qui se passe aux Variétés a lieu également au Grand-Théâtre ; la même consigne est observée.

Y a-t-il une répétition ordinaire ou une répétition générale , je ne puis non plus y appeler ni commanditaires, ni amis, ni parens ; et si je crois utile de m'entourer de quelques hommes de goût, de quelque habile musicien , dont les conseils peuvent m'être utiles, il m'est interdit de les introduire dans la salle ou sur le théâtre. Pour avoir la certitude que je ne viole pas cette singulière défense à une répétition générale , un agent de police est placé à ma porte pendant que des commissaires de

police parcourent toutes les parties de la salle, avec l'intention
d'en exclure les individus que j'aurais pu y faire entrer avant
leur arrivée.

Remarquez bien cependant, Monsieur le Maire, que si la porte
des théâtres ne peut plus être ouverte par moi aux personnes
qui m'intéressent, elle doit l'être à celles que MM. les adjoints
veulent y faire passer, et que j'en ai vu plusieurs assister aux
répétitions générales.

Remarquez encore que MM. les commissaires de police as-
sistent à ces répétitions; qu'ils ne se bornent pas à venir dans
la salle; qu'on les voit sur le théâtre parmi mes pensionnaires.

Mais lorsque je fais faire une répétition et que les portes ne
sont pas ouvertes au public, la police doit-elle se mêler à mes
occupations, et presque toujours y apporter de la gêne ? Je ne
le crois pas; alors je suis chez moi, au milieu de mes pensionnaires, où personne n'a le droit de pénétrer.

Voulez-vous connaître jusqu'à quel point la consigne est observée en ce qui me concerne ? Il y a peu de jours que M. Vaubaron, premier trombonne de l'Académie de musique, me fit
prévenir qu'il donnerait le lendemain un concert au Grand-
Théâtre; je n'avais pas un moment à perdre pour tout disposer
à cet effet. M.lle Frémont étant chez moi, à huit heures du
soir, je l'engageai à prendre une partie dans le concert; elle y
consentit, mais elle me fit observer qu'il fallait que M. Lafon
ou Valbonte y prissent part. Ils étaient sur le théâtre; et comme
j'étais retenu dans ma chambre par la goutte, je chargeai mon

épouse de se rendre auprès d'eux et d'amener avec elle Mlle Frémont ; mais le portier refusa l'entrée même à ma femme, qu'il repoussa brutalement et de manière à la blesser ; mon épouse croyant qu'il ne la connaissait pas se nomma ; le portier persista dans son refus ; cependant il finit par lui annoncer qu'elle pourrait entrer, mais que Mlle Frémont ne l'y suivrait pas : seule, elle n'aurait pu rien faire, elle se retira dans sa loge où elle fit appeler le Régisseur ; mais n'ayant pu s'entretenir avec les acteurs auxquels elle désirait parler, la représentation du lendemain ne put être donnée comme elle avait été conçue.

Je vais raconter une autre circonstance où l'on n'a pas usé de ménagemens envers moi.

Lorsqu'on apprit, au mois de Juillet, que S. A. R. MADAME, duchesse de Berry, devait honorer le spectacle de sa présence, trois ou quatre de mes commanditaires demandèrent que je leur facilitasse l'entrée par la porte qui, de mon domicile, conduit dans la salle. Quelques personnes, auxquelles j'avais loué des loges que je dûs réserver à l'Autorité municipale, pour lui être agréable, me demandèrent la même faveur. J'exposai ma position à M. de Comet qui, paraissant disposé à m'obliger, m'engagea à lui soumettre par écrit.

La manière dont il l'avait accueillie, lorsque je la lui avais communiquée verbalement, m'avait tellement rempli d'espoir, que je m'étais hâté de m'entendre avec M. Andrieu pour qu'il assurât la perception du droit des pauvres, en m'envoyant un de ses agens.

Je ne tardai pas à revenir de mon erreur : une lettre de M. de Comet m'apporta un refus.

Je n'avais rien à objecter : c'était une faveur que je sollicitais, on pouvait me refuser. Mais voulant sans doute me donner l'idée du peu de confiance qu'il avait en moi, M. de Comet plaça à ma porte quatre factionnaires et un agent de police, comme si j'avais dû employer la violence pour enfreindre sa défense.

Ainsi, il ne se contenta pas d'un refus, il eut encore recours à des mesures qui laissaient percer un esprit d'hostilité envers moi.

Mais quelle dut être ma surprise, lorsqu'ayant voulu visiter ma salle avant l'ouverture des portes, j'y aperçus plusieurs personnes (que je nommerai au besoin), qui étaient entrées par la porte des acteurs, avec la permission de l'autorité.

Ainsi, je n'avais pu offrir une place à l'un de mes commanditaires, aux personnes qui se trouvaient privées des loges qu'elles m'avaient louées, ma porte était gardée par des soldats que l'autorité n'avait pas le droit d'introduire dans la salle, par des agens ; et pendant que M. de Comet me traitait de la sorte, il laissait passer dans ma salle et par la porte du concierge les personnes que j'y rencontrai.

Voici une autre circonstance qui prouve à quel point la consigne donnée par M. de Comet m'humilie.

M. Sosthène de Larochefoucault, directeur des beaux arts,

3

m'adressa l'un de ses employés ; je voulus lui faire voir toutes
les parties de la salle ; je lui donnai non pas un ordre, mais
une prière pour qu'on l'y laissât entrer ; mais le portier déclara
qu'il n'y aurait aucun égard ; que ce n'était pas à moi qu'il
devait obéir. Cet estimable employé vint me témoigner ses
regrets et la surprise qu'il éprouvait que les gens à mes gages,
placés dans un établissement que je loue, que je dirige, mé-
connussent mes ordres.

On n'en use pas ainsi à Paris ; j'ai envoyé mon peintre à
l'Académie royale de musique, pour y voir les décorations de
la Muette ; le régisseur auquel je l'ai adressé l'a conduit dans
toutes les parties du théâtre et de la salle, pendant les représentations ; nulle part il n'a vu les portiers décliner son autorité.

Des faits que je viens d'exposer et de la discussion dans laquelle je suis entré, il résulte incontestablement que M. de
Comet a excédé ses pouvoirs en donnant une consigne qui
écarte du théâtre des Variétés les propriétaires de cet établissement, mon tapissier, mes médecins, et qui m'ôte la faculté
d'y introduire un ami ; qu'il a excédé ses pouvoirs en accordant
à MM. les généraux la faculté d'entrer sur le théâtre.

Qu'il les a excédés aussi en appliquant la même consigne au
Grand-Théâtre, en m'empêchant de laisser assister aux répétitions les personnes peu nombreuses qu'il peut me convenir
dans mon intérêt d'y appeler, en plaçant à ma porte un
agent de police, en assistant lui-même à ces répétitions, en
y faisant assister les commissaires de police et ses amis, en
faisant passer sur le théâtre pendant les représentations extraor-

dinaires des personnes de sa connaissance, lorsqu'il refusait d'y faire admettre celles que je lui recommandais, en ne permettant pas qu'un de mes pensionnaires, accompagné par mon épouse pour service du théâtre, put passer de la salle au théâtre ; enfin, en introduisant ou laissant introduire par d'autres magistrats dans la salle, par la porte du concierge, le jour où S. A. R. MADAME, duchesse de Berry, devait s'y trouver, des individus qui n'avaient pas de billets.

Excéder ses pouvoirs dans une entreprise comme celle que je dirige, c'est méconnaître les conditions du contrat qui lie les parties ; c'est me troubler dans ma jouissance, lorsqu'elle devait être paisible, pleine et entière.

Fermeture des Bureaux.

Sous mon prédécesseur, M. Prat, on voulut un jour faire fermer les bureaux, sous le prétexte que la salle étant pleine, il ne devait plus être délivré de billets. Il réclama contre cette mesure auprès de M. le Préfet : sa réclamation fut accueillie, et depuis les bureaux restèrent toujours ouverts.

Pendant la première année de mon administration, je n'eus aucune difficulté à ce sujet ; mais il y a trois ou quatre mois, M. de Comet fit un soir fermer les bureaux des Variétés. Cependant, et je puis vous en offrir la preuve, ce jour-là, Monsieur le Maire, la recette fut beaucoup plus faible qu'à d'autres époques où l'on n'avait pas eu recours à ce moyen dont l'emploi fréquent ruinerait promptement un directeur, en l'empêchant de faire de fortes recettes, lorsque des représen-

tations extraordinaires, presque toujours dispendieuses, attire-
raient la foule.

Cette mesure ne peut être justifiée ; en effet, il est dans mes
droits de chercher à augmenter le plus possible mes recettes ;
l'administration ne peut s'y opposer, et elle ne le doit pas dans
l'intérêt des pauvres.

Elle pourrait être fondée à demander la fermeture des bureaux si, laissant entrer dans la salle un plus grand nombre
de spectateurs qu'elle n'en peut contenir, je refusais de rendre
l'argent à ceux qui, ne pouvant jouir du spectacle qu'ils auraient
payé, voudraient se retirer, et si ce refus entraînait des désordres. Cette circonstance ne s'est jamais présentée : au contraire,
j'ai poussé la déférence jusqu'à accorder le remboursement aux
personnes qui avaient déjà assisté à une partie de la représentation.

En recourant à cette mesure, on m'a porté sans nécessité
réelle un préjudice dont on me devait réparation, puisqu'on
attentait à mes droits.

Ne perdez pas de vue, Monsieur le Maire, que l'on nuisait
aussi aux pauvres en diminuant la part qu'ils devaient avoir
dans la recette.

Des billets jetés sur la scène.

De temps immémorial les régisseurs lisaient les billets que
le public jetait sur la scène ; ils portaient à l'autorité ceux que
le Directeur jugeait devoir rendre publics, afin d'obtenir d'elle
l'autorisation d'en donner lecture : quand celle-ci voulait con-

naître les autres billets, elle les envoyait chercher par ses
agens.

Lorsque je devins Directeur, cet usage était en vigueur, il
était même consacré par un arrêté municipal.

Neuf mois après mon entrée en fonctions, M. de Comet
rendit un arrêté qui ordonnait à mes régisseurs de lui apporter
eux-mêmes tous les billets qui tomberaient sur la scène; je
jugeai cette disposition contraire à mes droits; mais, persuadé
que l'autorité en concilierait l'exécution avec les obligations
attachées aux fonctions de régisseur, je n'élevai aucune réclamation. Durant quelques mois les choses allèrent d'une manière
convenable : lorsque les régisseurs n'étaient point empêchés,
ils portaient les billets à M. l'adjoint ou à M. le commissaire
de service au théâtre, qui ne leur adressait aucun reproche,
si par suite de leurs occupations ils s'abstenaient de remplir ce
devoir.

Cette harmonie que tous mes soins tendaient à conserver,
fut bientôt troublée : j'appris que l'un de mes régisseurs avait
été condamné à l'amende pour n'avoir pas porté à M. l'adjoint
un billet qu'il ne savait pas qu'on eût jeté sur le théâtre.

Quelques jours plus tard une condamnation semblable fut
portée contre un autre régisseur qui avait différé de quelques
instans de porter à l'autorité un billet.

L'un d'eux fut aussi condamné, à la même époque, parce
que la représentation avait fini quelques instans plus tard que
ne le voulait le réglement, quoique ce retard fût dû à des cir-

constances entièrement indépendantes du fait de cet employé. C'était à l'une des représentations de Mlle Jenny Colon : le public lui avait demandé des romances.

D'autres le furent également pour des motifs aussi peu blâmables. Persuadé de l'innocence de mes régisseurs, et ne voulant pas qu'ils prissent sur leur traitement le montant et les frais de ces condamnations s'élevant à environ 200 fr., je les acquittai de mes deniers.

Bientôt après, j'appris que mon régisseur du Grand-Théâtre avait été condamné à deux jours de prison, sur le motif qu'il avait parlé au public sans autorisation ; j'avais la certitude cependant que cette autorisation avait été donnée ; je dus donc entrevoir dans cette nouvelle attaque l'intention manifeste de me fatiguer ; je me déterminai à faire appel, et l'affaire plaidée, le Tribunal de police correctionnelle reconnut que le régisseur n'avait parlé qu'après y avoir été autorisé.

Enfin, ce que l'on croira sans doute difficilement, il arriva qu'un jour tous les régisseurs de mes trois théâtres étaient condamnés à la prison.

Dans cette position deux partis s'offraient à moi : ou de laisser mes régisseurs subir leur condamnation, en passant plusieurs jours en prison, ou d'appeler des jugemens qui les y condamnaient. Le premier parti entraînait des relâches forcés à tous mes théâtres à la fois ; je sentis que cet événement exciterait des murmures publics contre l'administration municipale ; je résolus de les lui épargner : je me bornai à faire appel des condamnations et à faire entendre mes plaintes ; elles ne furent pas écoutées ; au contraire, mes procédés, que je devais croire dignes d'éloges, irritèrent, les procès-verbaux et les condamnations se multiplièrent toujours pour le même motif.

. Fatigué, et ne pouvant plus tenir à tant de tracasseries, j'écrivis à mes régisseurs que je voulais qu'ils lussent les billets qu'on jetait sur mes théâtres ; qu'ils me fissent savoir ce qu'ils contenaient et qu'à l'avenir ils eussent à les tenir seulement à la disposition de la police.

Un soir quelques billets excitant du tumulte au Grand-Théâtre, le régisseur observe la défense que je lui ai faite ; mais mandé par M. de Comet, il exhibe à ce magistrat la lettre que je lui avais écrite pour sa garantie. Celui-ci *la prend, la garde et fait verbaliser contre M. Peyssard*, puis il m'écrit en termes qui attestaient de l'humeur, pour se plaindre de cette disposition de ma part : je lui réponds que je ne puis la changer ; que le réglement sur lequel il s'appuie *est inexécutable* et que je le prouverai s'il veut m'attaquer.

Cette explication, par laquelle j'assumais sur moi toute la responsabilité, devait faire paraître mon régisseur innocent à ses yeux ; néanmoins il fut poursuivi et condamné à cinq jours de prison.

Depuis, ce même régisseur crut satisfaire M. de Comet et ne pas méconnaître mes ordres, en envoyant les billets par un garçon de théâtre, auquel il fit prendre la livrée obligée : les billets ne furent pas reçus ; ils furent renvoyés au régisseur pour qu'il les apportât lui-même.

Un peu plus tard, M. Payssard a été condamné à cinq jours de prison. D'après ces jugemens, il aurait à passer dix jours au Fort-du-Hâ, et moi à faire dix relâches forcées.

Ni mes ordres écrits à mes régisseurs, ni ma lettre à M. de Comet qui lui disait que son arrêté était inexécutable, et que je le prouverais quand il lui plairait de m'attaquer, ne purent l'arrêter.

Cependant il devait voir qu'il y avait discussion entre nous sur l'exécution des clauses du contrat qui nous lie, et qu'il y avait lieu à faire juger la question; il préféra la trancher lui-même en agissant avec une violence qui, j'en suis bien persuadé, a dû lui laisser de vifs regrets. Un nouveau billet ayant été jeté au Grand-Théâtre, M. Peyssard qui, par mes ordres, ne pouvait le porter à M. de Comet, se décida après quelques temps, et pour calmer l'impatience du public, à le lui renvoyer par mon sous-régisseur. Mais qu'on juge de la surprise de ce dernier ! M. de Comet, l'apercevant, lui dit que lui et le régisseur s'étaient conduits comme deux polissons; il donna l'ordre en outre d'arrêter ce dernier et de le conduire en prison, sans même attendre que le spectacle, dont il était responsable envers le public, fût terminé.

Examinons maintenant si l'autorité municipale a le droit d'en user ainsi.

Et d'abord n'oublions pas qu'à l'époque où je suis devenu Directeur, les réglemens et l'usage voulaient seulement que j'obtinsse la permission de faire lire les billets auxquels je désirais répondre.

Jamais je ne me suis soustrait à cette obligation; je conçois parfaitement que l'autorité doit connaître tout ce qui est lu sur les théâtres, et le grave inconvénient qu'il pourrait y avoir à ne pas se soumettre à sa censure sur ce point.

Mais là, se borne son droit, et nulle part je ne trouve qu'elle en ait sur les billets qui tombent sur la scène. Incontestablement ces billets me sont adressés; c'est une correspondance qui m'appartient, et dont nul ne peut me demander compte, si je veux la tenir secrète; on invoque le cahier des charges qui réserve à l'autorité la faculté de faire de nouveaux réglemens; mais on ne dit pas que ces réglemens ne peuvent avoir pour objet que le maintien du bon ordre.

Or, quel rapport y a-t-il entre une mesure de cette nature, et celle par laquelle on m'oblige à communiquer les billets qui me parviennent par la voie de la scène?

Quelquefois ces billets sont en blanc, d'autrefois ils renferment quelques plaisanteries, des questions indiscrètes, plus souvent la demande d'un spectacle, le renvoi ou la conservation d'un artiste; il m'est loisible d'y répondre ou de garder le silence. Dans le premier cas, je ne dois me mettre en communication avec le public qu'après avoir obtenu l'autorisation de la police, et je porte le défi que l'on prouve que j'aie à ce sujet méconnu son autorité.

Dans le second cas, personne n'est fondé à se plaindre : ne pas donner suite à un billet, ce n'est pas compromettre la sûreté publique, c'est au contraire laisser évanouir une demande aussitôt oubliée que formée; il n'y a donc pas lieu alors à l'intervention de l'autorité.

4

Dira-t-on qu'il arrive par fois que le public persiste à vouloir connaître le contenu du billet et que l'ordre serait troublé si on ne déférait à sa demande ? Alors la sollicitude de l'autorité peut être éveillée ; et si elle le juge à propos elle peut me demander communication des billets , je ne la refuse pas , quoique du principe que je viens d'établir et qui est incontestable , il résulte certainement que je ne dois pas la donner.

Mon droit est de garder cette correspondance , mon obligation de ne la lire au public , quand je le juge utile , qu'avec autorisation.

On n'a pas d'ailleurs réfléchi , qu'en m'imposant le devoir de l'envoyer à l'autorité par mes régisseurs , on voulait m'assujétir à faire une chose souvent impossible.

Les billets ne peuvent être ramassés , si le public reste calme, pendant que le rideau est levé ; dès qu'on le baisse , les personnes qui encombrent les coulisses se précipitent sur la scène , et fréquemment les billets disparaissent sans qu'on puisse les retrouver ; en pareille hypothèse rendrait-on mes régisseurs responsables d'un fait qu'il n'est pas en leur pouvoir de prévenir?

D'ailleurs on peut dire avec raison qu'un régisseur est l'âme du théâtre ; c'est lui qui donne la vie à tout , c'est de son intelligence que dépend l'ensemble d'une représentation.

Le rideau est-il levé , il veille à ce que les acteurs soient prêts à entrer en scène , à ce que les coulisses soient dégagées , que l'on apporte sur la scène les objets qui doivent y figurer , qu'une détonnation se fasse entendre à propos , qu'une pièce d'artifice soit lancée à l'instant marqué ; la pièce à la main , il suit toutes les scènes , tous les incidens , règle les entrées , les sorties des comparses, des troupes, des chœurs; enfin , il doit être à tout et partout.

Dès qu'une pièce est finie , il s'occupe à faire préparer ce qui se rapporte à celle qui va suivre ; il court de loge en loge presser les artistes de s'habiller ; on lui annonce un malade , une indisposition ; le voilà sans spectacle pour le lendemain. Il monte à sa régie , y fait appeler dix artistes : heureux quand après tant de peine il peut offrir au public un spectacle passable.

On le voit , les détails dont un régisseur est chargé sont immenses ; il doit se multiplier ; et quelle que soit son aptitude et ses efforts , il est peu de représentations où l'on n'ait à remarquer que quelques parties de ce pénible service soient restées en souffrances.

Maintenant , je le demande : n'ai-je pas eu raison d'écrire à M. de Comet , que la mesure qu'il a prescrite est inexécutable , si, tout entier à leur service , mes régisseurs ne peuvent y suffire ? Ne doit-on pas s'attendre à le voir manquer , s'ils en sont détournés pour aller remettre à M. de Comet les billets jetés sur la scène ?

En prenant cette mesure , en persistant dans son exécution , et faisant emprisonner mes régisseurs , lorsque d'après mes ordres , ils s'y sont soustraits , M. de Comet a donc encore excédé ses pouvoirs , il a violé le conttrat qui nous lie , il a sur-tout méconnu la clause expresse qui veut que l'administration me fasse jouïr pleinement et paisiblement de tous les droits qu'elle m'a concédés.

Veut-on voir à quel moyen il faudrait recourir pour concilier les devoirs de régisseur , et l'obligation que cette mesure impose , en voici un exemple :

Au moment où le rideau fut levé , il y a peu de jours , des billets furent jetés ; on insista vivement pour en connaître le contenu ; on donnait la clochette ; quinze ou vingt artistes étaient déjà sur la scène ; M. Peyssard , placé entre la certitude d'aller en prison , s'il ne portait les billets , et la crainte d'être l'objet des plaintes du public , si pendant qu'il serait auprès des magistrats , la représentation éprouvait quelque obstacle , prit le parti de faire évacuer la scène , et de laisser le public dans l'attente jusqu'à ce que M. de Comet , auprès de qui il se rendit , eût décidé si les billets seraient lus ou non.

Dans la capitale on n'exige rien de semblable des régisseurs ; la police ne les détourne point de leurs occupations ; elle a mission au contraire de les protéger , et elle doit déférer à leur réquisition toutes les fois qu'ils croient convenable de lui en adresser. La déclaration que ces Messieurs ont bien voulu me fournir et que je vais transcrire , fera connaître la position dans laquelle ils sont placés , et combien elle diffère de celle où on voudrait amener les régisseurs de mes théâtres.

« Nous soussignés , déclarons que , par suite de l'usage constant

» établi dans les théâtres de Paris, de ne donner au public lec-
» ture d'aucuns des billets que l'on jette sur la scène, nous n'a-
» vons jamais été assujétis dans les différens théâtres que nous
» régissons à aller communiquer ces billets à l'autorité qui,
» lorsqu'elle a désiré en avoir connaissance, *les a envoyé*
» *chercher par un de ses agens*, de manière à ce que nous
» ne fussions pas détournés de l'exercice de nos fonctions.

» Paris, le 3 Décembre 1828.

» Signé ALBERTIN, *Directeur de la scène, près le Théâtre-*
» *Français ;* SOLOMÉ, *Régisseur général de l'Acadé-*
» *mie royale de musique.*

» *Le Régisseur du Théâtre de l'Odéon ,*
» Signé EDOUARD ;

» Signé HUGUET, *Régisseur général du Théâtre de l'Am-*
» *bigu-Comique.*

» Si l'on jette un billet sur là scène, ou s'il survient entre le
» public et les comédiens une discussion de quelque nature
» qu'elle soit , un garçon de théâtre se rend auprès du com-
» missaire de police de service , et le prie de *vouloir bien se*
» *transporter au théâtre , où l'on avise avec lui au moyen de*
» *rétablir l'ordre.* Les Directeurs et régisseurs *ne doivent ja-*
» *mais, en cas de trouble, quitter leur poste,* et les commis-
» saires de police *ne peuvent,* aux termes de toutes les ordon-
» nances connus, *refuser* de déférer à une réquisition de ser-
» vice qui leur est faite dans l'intérêt de l'ordre public.

» *Le Régisseur général du Théâtre de Madame ,*
» Signé C. DORMEUIL.

» Le régisseur étant chargé du maintien des réglemens de po-
» lice intérieurs , doit se borner à leur exécution , et ne doit
» jamais quitter le théâtre , afin d'être prêt à répondre à l'ap-
» pel du public.

» Le commissaire de police (ou son représentant) doit
» veiller le cours de chaque représentation , et doit , dans le cas
» dont il s'agit , se rendre au théâtre , où son intervention au-
» près du public est souvent nécessaire pour rétablir le calme.
» *Le régisseur peut envoyer auprès du commissaire , mais*
» *n'est obligé à aucun déplacement, son absence pouvant*
» *amener de graves inconvéniens.*

» *Toutes les ordonnances de police et réglemens s'accor-*
» *dent sur ce point.*

» *Le Régisseur général du Vaudeville,* Signé D. FONTENAY » .

A Lyon , le Directeur , *seul* , lit les billets. Je rapporte pour
le prouver une lettre de mon collègue M. Seingier :

« Les réglemens de police défendent expressément de donner
connaissance au public des billets qui peuvent être jetés sur
le théâtre : *ces billets me sont remis , et je n'en donne con-*
naissance à personne, pas même à mon régisseur » .

Arrestation de mon beau-frère , l'un de mes employés.

Si l'on a été étonné en voyant , dans le chapitre précédent,
que l'on a arbitrairement emprisonné mes régisseurs , on le sera
bien davantage par ce que je vais raconter.

M. Derrieux, mon beau-frère, est chargé de recevoir les billets à la porte du parterre et des secondes. Il avait reçu de moi, depuis dix-huit mois, la consigne de laisser passer par cette porte deux soldats de la garde que l'autorité municipale était dans l'habitude de faire placer au parterre ou aux secondes. Il prit fantaisie, un certain soir, à un brigadier, d'en faire entrer cinq, contrairement aux réglemens. M. Derrieux s'y opposa, s'étayant sur sa consigne. Il fut mandé dans la loge de la mairie, par M. de Comet qui le réprimanda fortement, quoiqu'il lui fît observer qu'il n'avait fait qu'obéir aux ordres qu'il avait reçus de moi, son seul et unique chef. Il me rendit compte de cette entrevue ; et comme j'étais parfaitement dans mon droit, je renouvelai ma consigne.

Deux jours après, cinq soldats se présentent encore : l'entrée leur ayant été refusée, le sieur Lamarle parut et enjoignit de laisser passer. Mon beau-frère persista dans son refus ; et le commissaire de police en fut tellement irrité, qu'il le fit arrêter et conduire sur le champ en prison.

Cet employé eût-il eu tort, que le sieur Lamarle, considérant la nature de ses fonctions, aurait dû le laisser à son poste jusqu'au moment où le théâtre aurait été fermé ; il savait bien qu'il ne lui aurait pas échappé ; car il n'ignorait pas que c'était un père de famille, né et domicilié de la ville, où il exerce une honnête industrie ; enfin, que c'était mon beau-frère ; mais il préféra faire un *coup d'éclat ;* et dès sept heures du soir ma porte resta livrée au public.

Mais mon employé n'avait pas tort ; il devait résister, puisque , en faisant introduire sans billets des soldats dans la salle pour assister au spectacle, le commissaire de police violait une consigne que seul j'avais eu le droit de donner , et contrevenait ouvertement à l'article 7 de la loi du 19 Janvier 1791 , qui défend expressément d'introduire la force armée dans la salle , si ce n'est lorsque la sûreté publique s'y trouve compromise.

Tous les torts sont donc du côté du commissaire de police Lamarle , qui a méprisé la loi qu'il était de son devoir de faire respecter , et qui s'est permis de faire une arrestation arbitraire dont mon beau-frère aurait facilement obtenu réparation , si par esprit de paix , je ne l'eusse engagé à garder le silence.

Je ne dois l'entrée de mes théâtres à personne ; si le sieur Lamarle croyait utile d'y conduire les cinq militaires dont je parle , que ne leur faisait-il délivrer une partie des billets que je mets tous les jours à la disposition de l'administration , et qui devraient être destinés à ses agens de police , et aux personnes chargées de les seconder.

En supposant que l'administration se crût fondée à faire admettre cette force armée dans le théâtre pour y exercer une surveillance , n'etait-ce pas encore le cas , dès qu'elle apprenait mon refus par l'organe de mon préposé, de faire décider la question ? car , je ne saurais trop le répéter , un contrat nous lie réciproquement , et toutes les difficultés auxquelles il donne lieu doivent être jugées par le Tribunal compétent ; mais il n'appartient à aucun de nous de se faire justice soi-même.

Cette affaire me conduit à traiter une autre question , c'est celle de la garde qui m'est fournie journellement.

Mon cahier des charges porte que l'administration déterminera la garde qui sera jugée nécessaire , *et que je contribuerai* au payement de l'indemnité qui lui sera allouée.

D'après cette disposition, l'autorité municipale peut fixer le nombre de soldats qui me seront fournis , mais elle doit le faire une fois pour toutes , et non pas comme elle semble en avoir la prétention toutes les fois que l'idée lui en prendra ; aussi n'ai-je point réclamé lorsqu'à mon entrée en fonction , on m'a donné pour mes divers théâtres une garde beaucoup plus forte que celle de mon prédécesseur.

Mais j'ai dû protester lorsque ce nombre a été excédé.

Dira-t-on que je l'ai fait tardivement , que j'ai payé bien souvent des gardes extraordinaires , je répondrai que j'espérais, en me soumettant à toutes ses volontés , que l'administration me laisserait enfin tranquille.

Voudrait-on soutenir que , par le mot *nécessaire* jeté dans le cahier des charges , l'administration s'est réservée la faculté d'élever à son gré la force de la garde , je répondrai, d'une part, qu'elle doit être toujours la même , parce qu'elle est appelée à faire mon service , et que ce service ne change pas ; d'autre part, que ce service ne doit pas être confondu avec celui auquel peuvent seul donner lieu des troubles , des désordres qui exigent l'emploi de la force armée : alors , personne ne l'ignore,

5

on a toujours recours à la ligne, à laquelle je ne puis rien devoir. Pendant près d'un mois on tint sur pied, en 1827, à l'occasion des représentations de M.lle Aurélie, environ cinquante à soixante hommes qui furent introduits quelquefois dans la salle : si j'avais dû une indemnité à cette garde, j'aurais eu une dépense énorme à supporter ; mais il ne vint pas même à la pensée de me rien demander.

Pendant les représentations de la troupe anglaise, M. de Comet augmenta ma garde et me fit demander un supplément d'indemnité ; je déclarai ne vouloir pas la payer ; il me traduisit devant le Conseil de préfecture, auquel j'adressai mes défenses ; je dois croire que mes moyens ont été accueillis, puisque je n'ai plus entendu parler de cette affaire.

Je profitai de l'occasion pour soulever devant ce Conseil une question qui sera jugée, je l'espère, en ma faveur : on a remarqué sans doute que l'article du cahier des charges, rapporté plus haut, dit que *je contribuerai à l'indemnité* due à la garde ; or, *contribuer* à une dépense, n'est pas la supporter tout entière, mais en prendre à sa charge une partie. On a donc faussé cette disposition en m'obligeant à payer intégralement l'indemnité ; et je suis fondé à exercer à cet égard des répétitions sur la ville : ce sera l'objet d'une réclamation spéciale. Et je n'ai parlé ici de ce fait que pour démontrer qu'au lieu de chercher à alléger mes charges, on les a constamment aggravées, même lorsque les termes positifs de mon marché m'étaient favorables.

Des costumes.

Une clause insérée dans le cahier des charges de mon bail et de tous ceux qui l'ont précédé, défend d'employer ailleurs

qu'au Grand-Théâtre le mobilier qui lui appartient ; néanmoins
les costumes ont servi de tous temps aux théâtres secondaires ;
et lorsque je devins entrepreneur, l'usage établi avait si bien
fait mettre la clause contraire au néant, que ces costumes me
furent livrés pour les Variétés et pour Molière sans que j'eusse
demandé l'autorisation d'en disposer.

Dix-huit mois s'étaient déjà écoulés : les régisseurs de ces deux
théâtres me prévinrent que le spectacle annoncé ne pouvait être
donné, parce qu'on refusait de livrer les habits dont on avait
besoin ; j'envoyai chez M. l'inspecteur, qui fit répondre qu'en
effet il avait reçu l'ordre de ne pas les laisser sortir des ma-
gasins.

Vous le savez probablement, Monsieur le Maire, on n'em-
prunte presque jamais, pour ces deux théâtres, que des objets
usés, d'une très-mince valeur, et à peu près inutiles au Grand-
Théâtre ; mais tout mauvais qu'ils sont, ils dispensent le Directeur d'en acheter d'autres ; ils offrent un moyen de faciliter
l'exploitation de son entreprise : les précédens usages que j'en avais
fait pendant dix-huit mois, m'autorisaient et m'autorisent encore
à penser que l'on ne pouvait m'en priver ; et en me les enle-
vant brusquement, sans avertissement préalable, on m'a mis
dans l'impossibilité de faire valoir mes droits ; on m'a contraint
à suspendre la représentation de plusieurs pièces qui font partie
de mon répertoire, ou de faire un relâche ; et il m'aurait fallu
fermer les deux théâtres secondaires si je n'eusse trouvé quelques ressources chez les fripiers.

N'était-il pas dans les convenances, dans les règles d'une

bonne justice , d'une sage administration , ne devait-on pas au public de me donner un avertissement qui pût me mettre à même de faire valoir mes droits ou de m'accorder un assez long délai pour me pourvoir des objets dont je manquais , si ma réclamation n'était pas reconnue fondée.

En consultant les bordereaux des recettes , on peut savoir quel a été l'effet de cette mesure et pour les pauvres et pour moi.

Usage que l'on fait des billets donnés à la police.

Vous vous êtes engagé , Monsieur le Maire , à faire faire la police dans mes théâtres : pour rendre cette tâche facile , je donne tous les jours dix-sept ou vingt-deux billets.

Les troubles sont fréquens cependant ; la police n'intervient presque jamais ; il arrive qu'ils se continuent pendant toute une représentation , et que les paisibles spectateurs sont fatigués , quelquefois obligés de se retirer pour trois ou quatre personnes à qui il plaît de se donner le malin plaisir de siffler ; que si mes régisseurs prient le commissaire de police de faire baisser le rideau , il répond qu'on peut tout casser et briser , qu'il s'en lave les mains , depuis que vous lui avez ôté la faculté de prendre l'initiative à ce sujet.

Cette police serait probablement mieux faite si les billets que je fournis recevaient la destination qui leur est assignée. Il en est autrement : il est même arrivé , ce que je n'ai pu m'expliquer, que l'un des soldats de la garde que je paye pour me protéger, a été mis en prison pendant vingt-quatre heures pour avoir aidé à saisir deux de ces billets que l'un de vos employés faisait vendre à la porte du Grand-Théâtre par sa servante.

Disposition prescrite par M. Lamarle, aux Variétés.

Il se passe quelquefois des choses que l'on ne saurait expliquer, et qui peuvent donner lieu à de singulières interprétations : l'acte sans exemple comme sans motif, que le sieur Lamarle s'est permis le 21 du courant, est de ce nombre.

A quatre heures il s'introduit dans ma salle des Variétés, par la porte des artistes ; il prescrit à mon contrôleur de tenir la porte fermée jusqu'au moment de l'arrivée de la garde qu'il envoie requérir.

Quatorze soldats sont amenés : le sieur Lamarle ordonne d'ouvrir un seul battant de la porte; vous savez que cette porte est très-étroite ; vous devez juger de la difficulté qu'éprouva le public pour entrer. M. le commissaire alla plus loin : il prescrivit de ne laisser passer que les porteurs de billets pris au bureau, de manière que ceux qui avaient des cartes d'actions *réservées par le bail passé avec les propriétaires de la salle,* et que je considère comme abonnés, se virent repoussés.

Des rixes, des coups, le plus grand tumulte furent la suite de cet ordre sans exemple.

Le sieur Lamarle voulut encore faire payer les frais de cette garde extraordinaire ; mais le contrôleur ne déféra point à sa demande , quoiqu'il lui eût signifié qu'il agissait en vertu des ordres de M. de Comet.

Dans un moment où de nombreuses difficultés s'élèvent entre l'administration et moi, la malignité publique ne pourrait-elle pas s'emparer de ce fait, tant il est bizarre, pour soupçonner une connivence entre le commissaire et moi, et supposer qu'il a voulu me fournir le moyen péremptoire et sans réplique de prouver que je ne suis pas libre dans mon exploitation, qu'on a recours à tout ce qui peut la gêner pour me faire prendre la résolution de me retirer ? Mais ce soupçon, s'il avait pu naître, disparaîtrait bien vite , lorsqu'on saura que ce magistrat disait, peu de temps avant, à quelqu'un que je pourrais nommer, *qu'il ne serait content que lorsque je serais ruiné.*

Des agens de police qui s'introduisent dans les loges.

Votre administration m'informa , l'année dernière , qu'elle avait augmenté le nombre des agens de police ; et en m'invitant à leur accorder l'entrée de mes théâtres , elle me prévint qu'ils avaient reçu l'ordre de rester dans les corridors.

Cet ordre ne fut point observé : plusieurs fois des abonnés ou d'autres personnes se plaignirent de trouver ces agens à leurs côtés dans les loges. J'appris que les plaintes se multipliaient , que l'on voulait même user de violence pour se débarrasser de ces importuns voisins; je vis à ce sujet l'un des commissaires de police et M. de Comet qui me promirent de faire cesser cet abus ; mais il continua.

Quelques abonnés se présentèrent peu de jours après à ma femme , chargée du contrôle ; ils étaient animés et lui firent connaître que si l'on ne faisait retirer un agent qui venait de se placer auprès d'eux , dans une loge , il y aurait du scandale : croyant qu'il était de son devoir et de mon intérêt de le préve- nir , et se rappelant que cet agent devait rester dans les cor- ridors , elle envoya l'un des portiers lui rappeler cette consi- gne ; mais l'agent porta ses plaintes , et je reçus une lettre par laquelle M. Devaux m'annonça que , sans l'intervention de M. Mazeau , commissaire de police , cet individu *se serait livré à des invectives violentes* envers la personne qui lui avait fait quitter la place qu'il occupait , c'est-à-dire , envers M.me Bai- gnol qui me représentait , et qui avait exigé en mon nom l'exé- cution d'un ordre émané de votre administration , et dont la convenance était appréciée par le public.

Cette lettre me causa une surprise dont je fus long-temps à me remettre ; il ne m'était pas possible de concevoir que l'on approuvât la conduite d'un agent qui avait mérité d'être puni , et que l'on fût disposé à trouver bien qu'il invectivât un de mes employés qui avait rempli ses devoirs , sur-tout lorsque cet em- ployé était ma femme.

Obligation de changer le nom du Théâtre-Français.

Je ne dois pas omettre une circonstance qui signala les pre- miers jours de mon administration.

Le Théâtre-Français était dans un état affreux : mal propre, mal éclairé, mal distribué ; le public n'en sortait jamais sans murmurer.

Libre de traiter avec les propriétaires ou avec quiconque aurait voulu me louer une salle , je les prévins que je ne passerais un bail qu'autant qu'ils opéreraient les changemens et les réparations qu'indiquait l'opinion publique. Il fallait faire des travaux dispendieux : après quelque hésitation ils consentirent à les exécuter , et l'on a pu remarquer avec quel soin ils ont rempli leurs engagemens.

Pendant que ces travaux se confectionnaient, M. Lucadou, l'un de vos adjoints, conçut l'idée de donner à ce théâtre le nom de Variétés. Les propriétaires s'opposèrent à cette substitution ; ils lui firent observer que, dans les titres de propriétés, ce bâtiment était désigné sous le nom de *Théâtre-Français* qui lui avait été donné dans les actes de transmission d'action dans les polices d'assurances ; ils soutinrent que si l'autorité pouvait faire disparaître d'un monument public un nom qui rappelait un souvenir fâcheux , elle n'avait pas le droit d'exiger qu'on lui en donnât un qui ne convenait pas au propriétaire.

Pressé d'ouvrir mon théâtre , je rappelai à M. Lucadou que mon bail avec M. le Maire m'obligeait à avoir une troupe pour le Théâtre-Français ; que mon traité avec les propriétaires donnait à cette salle ce *même titre* ; qu'ainsi il n'était pas à mon pouvoir d'exécuter les ordres qu'il me donnait ; que tout ce que je pouvais faire pour lui plaire , c'était de faire mettre sur mes affiches *Théâtre des Variétés :* après quelques hésitations , cette proposition fut acceptée. Je me croyais tranquille lorsque, le jour même de l'ouverture , M. Lucadou m'apprit que ma salle resterait fermée si les billets des bureaux ne portaient les mots *Théâtre des Variétés.* Inutilement je fis remarquer à M. Lucadou que mes billets étant un signe entre mon buraliste et mes portiers, j'avais le droit de l'établir comme il me convenait. Il me fallut obéir à M. Lucadou , et pour lui obéir il m'en coûta 600 fr.

Si , d'un côté , votre administration m'oblige à des dépenses auxquelles je ne suis pas tenu , d'un autre côté elle me gêne dans mon répertoire en refusant à mon machiniste les cordages nécessaires au jeu des machines. Ainsi , depuis l'accident qui a mis Mme Rivière en danger en descendant dans une gloire , et qui a fait reconnaître l'état de vétusté des cordages existans, je ne peux plus donner *Armide* et autres ouvrages qui , sans doute , occasionneraient de funestes événemens.

Je viens de vous exposer , Monsieur le Maire , les difficultés que j'éprouve de la part de votre administration , et de vous démontrer qu'elles me nuisaient et m'empêchaient d'exploiter avantageusement mes théâtres.

Je vais vous rappeler , en peu de mots , ce que j'ai fait pour que mon administration fût digne d'encouragement, d'éloges , et , j'ose le dire , de récompense.

J'ai composé mes troupes dans tous les genres, comme jamais on n'en avait eu à Bordeaux : la tragédie , la comédie , le grand et le petit opéra , le ballet , le vaudeville , le mélodrame, sont joués par des artistes qui n'ont pas leurs semblables en province , et dont un grand nombre pourraient soutenir le parallèle avec les acteurs de la capitale.

6

Par mes soins, deux théâtres dégoûtans sont devenus deux salles remarquables par leur élégance et leur propreté. (J'ai fait réparer, il y a un mois, le théâtre Molière.)

J'ai monté tous les ouvrages nouveaux qui pouvaient obtenir du succès ; on n'a pas refusé de reconnaître que je n'avais négligé aucune dépense soit pour les costumes, décors et accessoires, afin de leur donner un éclat trop long-temps négligé à Bordeaux ; sous ces rapports quelques anciens ouvrages que l'on voit encore avec plaisir laissaient beaucoup à désirer : je me suis empressé, pour satisfaire aux vœux du public, d'y apporter des changemens dispendieux.

Dans le courant de vingt mois j'ai fait venir de la capitale les premiers artistes : M.lles Mars, Montano, Jenny Collon, Taglionni ; MM. Lepeintre, Lafont, Leppel, Dérivis, Ponchard, Ghys, Gonthier, Vaubaron et la troupe anglaise, se sont tour à tour succédés sur mes théâtres. A quelle époque mes prédécesseurs ont-ils, dans une aussi courte période, appelé d'aussi beaux talens, et en aussi grand nombre ?

Voulant monter la Muette j'ai envoyé à mes frais, à l'Académie de musique, mon machiniste et mon peintre pour recueillir des notes et me fournir les moyens de donner à cet opéra tout l'éclat qu'on y développe à Paris.

Depuis quatre mois mes ateliers sont occupés par des artistes et des ouvriers qui préparent les machines, les coulisses et les décors de la Muette. Les préparatifs sont si immenses, que le premier magistrat du département n'a pu contenir sa surprise quand il les a vus.

J'ai constamment payé mes pensionnaires avec la plus grande exactitude ; il en a été de même des comptes de mes ouvriers ; j'ai fait volontairement, à plusieurs artistes, des avances à valoir sur le traitement de cette année et sur celui de l'année prochaine.

J'ai exigé de mes employés de la déférence envers l'autorité, de la politesse, de la prévenance envers le public, envers mes abonnés sur-tout, et j'invoque le témoignage de ces derniers, sur l'empressement de mes contrôleurs, dans beaucoup d'occasions à les faire placer, à leur ouvrir les loges, même celle de l'administration dans laquelle alors je m'abstenais de me rendre ou de recevoir mes amis.

Mes rapports avec MM. les employés des hospices, accoutumés, m'a-t-on dit, a rencontrer des difficultés dans le contrôle des recettes, n'en ont éprouvé aucune avec moi, et ces MM. se sont plus à témoigner hautement de ma loyauté.

Voilà ce que j'ai fait pour être agréable au public et pour satisfaire l'autorité.

Comparez, je vous prie, Monsieur le Maire , ma conduite avec celle de votre administration, et jugez de quel côté sont les torts !

Un Directeur de théâtre est-il donc un ennemi redoutable qu'il faille sans cesse chercher à détruire ? J'avais une opinion bien différente : je croyais que, puisque les Théâtres sont au nombre des choses dont les villes tirent leur lustre, celui qui

se chargeait de la pénible et périlleuse tâche de les faire pros-
pérer, devait être l'objet de la protection spéciale de l'autorité ;
je pensais qu'associée, pour ainsi dire, avec lui, cette dernière
devait faire tous ses efforts pour lui éviter des revers ; j'avais
pensé encore que les recettes des théâtres offrant la principale
ressource pour le soulagement des pauvres, elle avait le devoir
d'en faciliter l'accroissement de tous ses moyens. Cette partie
infortunée de vos administrés me paraissait devoir être l'objet
de sa sollicitude continuelle, et je me disais : si le magistrat
descend de son siége, si le négociant suspend ses spéculations ;
si la femme d'un haut rang quitte son appartement pour aller
de porte en porte réclamer quelques aumônes pour ces malheu-
reux, l'administration locale ne se croira-t-elle pas obligée de
laisser agir librement, de protéger même celui qui, par ses
soins, ses veilles, ses sacrifices, veut augmenter ces secours ?
Ne croyez pas, Monsieur le Maire, que les sacrifices que s'impose un Directeur, pour monter une pièce ou pour avoir un
artiste étranger, lui soient toujours profitables ; les frais consi-
dérables qu'il fait alors sont rarement couverts par les recettes ;
mais les pauvres, qui n'entrent pas dans ces dépenses, sont
assurés d'un bénéfice, parce qu'ils prennent leur part de la recette avant que les dépenses aient été déduites.

Oui, je le soutiens, et votre loyauté comme la rectitude de
votre jugement me sont de sûrs garans, que vous partagerez
mon opinion ; votre administration doit protéger le Directeur
des théâtres ; elle doit lui être favorable dans tout ce qu'il peut
vouloir faire, lorsqu'il ne nuit à personne et qu'il ne contre-
vient pas aux lois.

Le Gouvernement ne sentait-il pas qu'il fallait un véhicule pour exciter le zèle des entrepreneurs des théâtres, lorsqu'il promettait, par la circulaire dont j'ai parlé plus haut, des *récompenses* à ceux d'entr'eux qui donneraient à leurs entreprises la direction que j'ai imprimée à la mienne.

J'aurais donc le droit, lorsqu'on m'humilie, lorsqu'on entrave mon service, lorsqu'on m'outrage dans la personne de mes employés, lorsqu'on me prive des moyens de faire augmenter mes recettes, j'aurais le droit de demander une réparation du préjudice que l'on me cause.

Encore, si j'avais à me reprocher quelque acte offensif contre votre administration, je pourrais comprendre la cause des nombreuses tracasseries qu'elle me fait éprouver; mais les aurais-je méritées parce que si, dans une circonstance, je ne me suis pas trouvé en position de rendre à M. de Comet le service qu'il m'avait fait demander, j'ai pu cependant dans d'autres occasions lui prouver le désir que j'avais de lui être agréable? Il me fit comprendre que je lui ferais plaisir si j'accordais les entrées au théâtre à l'un de ses employés, homme bien estimable et que je me félicite de connaître, et je m'empressai de les lui offrir. Il me pria de lui louer une loge au théâtre des Variétés; je refusai son argent, mais je mis à sa disposition ma propre loge.

Qu'à ce sujet une réflexion me soit permise : on arrive à cette loge par la porte des artistes, et de cette loge on communique au théâtre par une porte; c'est par là que M. de Comet et ses nombreux amis ont constamment passé, et cependant il ne voyait pas alors que cette entrée pût offrir aucun inconvénient; comment donc, depuis, a-t-il pu croire qu'il en existât à Molière, dans l'usage d'une pareille entrée ? Comment a-t-il pu me défendre d'y faire passer deux personnes ; là, comme aux Variétés, j'ai une loge qui communique au théâtre. La seule différence, c'est que cette loge est pour deux personnes, et que celle des Variétés, qu'occupait M. de Comet, pourrait en contenir dix.

Aurais-je mérité ces tracasseries pour avoir eu le bonheur d'obliger M. le commissaire Mazens, en lui prêtant pour huit jours, il y a un an, cent francs qu'il a oublié de me rendre, ou pour avoir obligé M. Mazeau, et lui avoir prêté trois cents francs qu'il a bien voulu me rembourser ?

Les aurais-je méritées, pour avoir accordé pendant un an l'entrée au Grand-Théâtre, au protégé de M. Chalup, votre délégué, et sur sa demande ? ou bien serait-ce parce que sur sa prière, et pour l'obliger, j'aurais acheté et payé à votre administration pour environ 3000 fr. d'objets qui ne sont d'aucune utilité.

Les aurais-je méritées, pour avoir reçu dans mes bureaux, au traitement de douze cents francs, le fils du sieur Lamarle qui ne s'est retiré que lorsqu'un jugement de police correctionnelle l'a obligé d'aller passer un mois au Fort-du-Hâ ? pour avoir donné un emploi au secrétaire de ce commissaire, et avoir sur sa demande rétabli, au bureau des distributions des billets, une dame que M. Prat en avait expulsée ? ou serait-ce parce que, durant les représentations de Mlle Mars, et autres ex-

traordinairès , je livrais au même commissaire , quand il le désirait, cinquante billets que sans doute il ne cédait pas à perte ?
ou, enfin, serait-ce parce que je lui donnais des billets du jour
en échange de vieux billets , ou parce que, sur sa prière , j'ai
accordé l'entrée de mes théâtres à son ami M. Valadon ?

Le tableau que je viens d'avoir l'honneur de mettre sous vos
yeux , Monsieur le Maire , vous fera vivement regretter , j'en
ai la certitude , de n'avoir pas voulu accueillir la prière que je
vous ai plusieurs fois renouvelée , de vous charger personnel-
lement des théâtres ; vous auriez écouté mes plaintes , vous
m'auriez accordé la protection qui m'est due , et vous ne m'auriez pas conduit dans la position pénible où l'on m'a placé , et
dont il me sera difficile, sinon impossible, de sortir si je n'obtiens une complète justice.

Je suis avec le plus profond respect ,

MONSIEUR LE MAIRE ,

Votre très-humble et très-obéissant serviteur ,

Bordeaux , 1.er Janvier 1829.

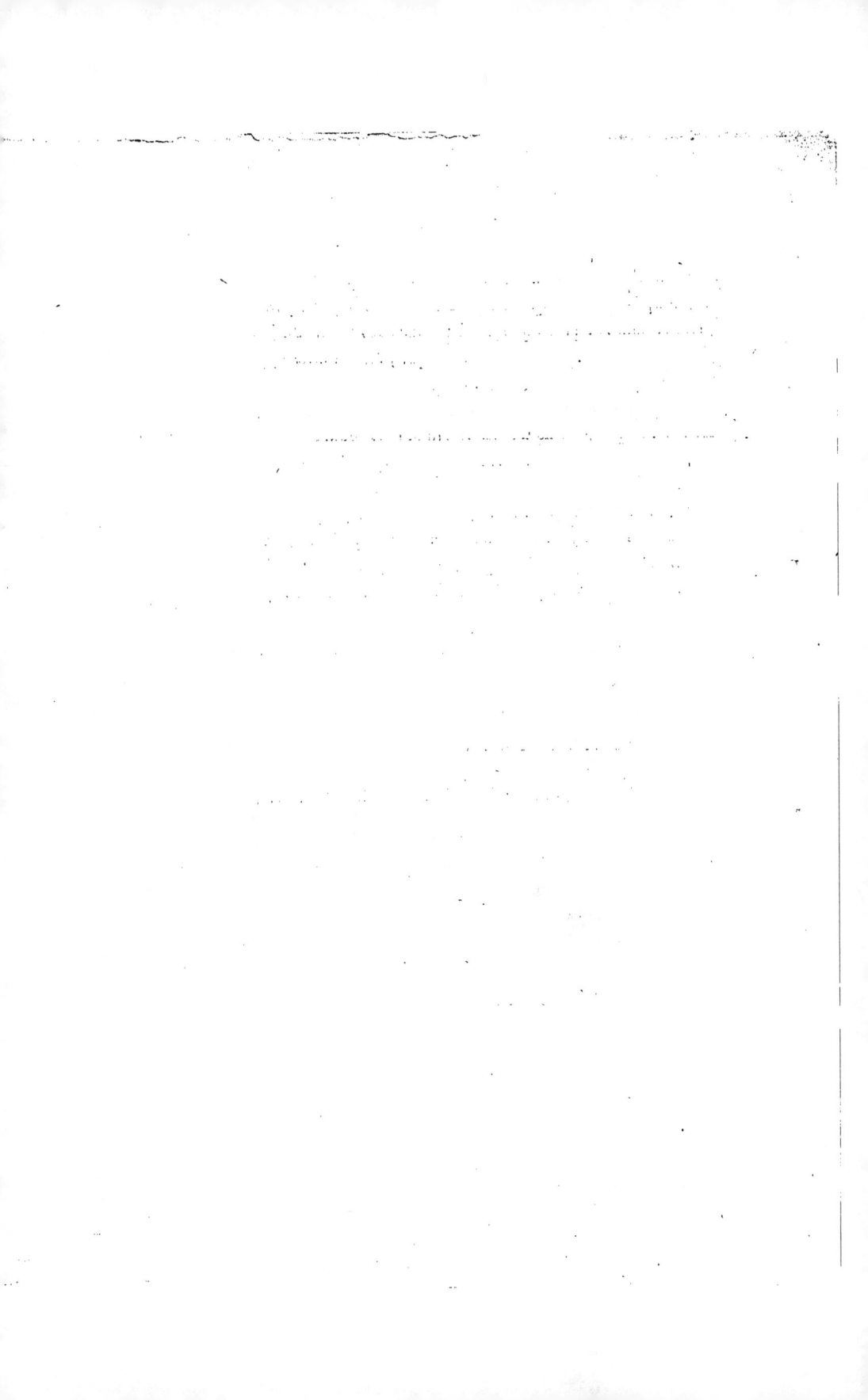

A M. LE MAIRE DE LA VILLE DE BORDEAUX.

MONSIEUR LE MAIRE,

J'ai l'honneur de vous adresser mon Mémoire, et j'ose croire que, trouvant mes réclamations justes, vous y ferez droit. J'aime mon repos et celui des autres ; mais je déteste les tracasseries et les humiliations.

Puissent celles que j'ai supportées être les dernières !

Je suis avec le plus profond respect,

MONSIEUR LE MAIRE,

Votre très-humble et très-obéissant serviteur,

Bordeaux, le 4 Janvier 1829.   BAIGNOL.

MONSIEUR LE MAIRE,

Il paraîtrait, d'après ce que M. de Comet dit hier au soir à M. Filleau, que je vous aurais contrarié en vous envoyant mon Mémoire *imprimé*. Voici les motifs qui m'y ont déterminé ; et peut-être vous paraîtront-ils fondés :

J'eus la preuve, il y a quelques jours, que M. de Comet avait fait des démarches auprès de M. le Procureur du Roi, pour faire juger les affaires contre mes deux régisseurs , MM. Peyssard et Caron ; que bientôt après ces deux régisseurs avaient reçu de nouveaux actes , et qu'enfin l'affaire de M. Peyssard devait être jugée demain.

Que devais-je faire quand je voyais M. de Comet toujours empressé à donner suite à des affaires *qu'il aurait peut-être dû chercher à assoupir ?* Je devais me tenir prêt à me défendre , et faire savoir à ce magistrat que j'étais en mesure.

7

Mais si mon Mémoire a été imprimé, je ne l'ai livré *à personne*, et vous croirez peut-être, Monsieur le Maire, à la parole de celui qui, malgré tout ce qu'on a pu lui faire, a préféré souffrir que de manquer *à la promesse qu'il contracta envers vous il y a deux ans.*

M. de Chancel, avocat de mon administration, étant aussi l'un des conseillers de la vôtre et l'ami de M. de Comet, je crus devoir *lui soumettre ce Mémoire* et l'assurer qu'il ne verrait pas le jour si vous aviez la bonté de faire droit à mes réclamations.

D'après ce que M. de Comet a dit encore à M. Filleau, vous n'auriez pas compris ce que je demandais : je croyais cependant l'avoir clairement expliqué dans toutes les questions qui y sont traitées.

Je demande, Monsieur le Maire, que les habits dont on m'a privé me soient rendus; que MM. vos adjoints, commissaires et agens ne se présentent sur mes théâtres que lorsqu'ils y sont appelés par l'exercice de leurs fonctions; que les billets jetés sur la scène soient laissés exclusivement à ma disposition, à la charge par moi de n'en donner connaissance au public, quand je le jugerai convenable, qu'avec la permission de l'autorité;

Que les bureaux soient laissés constamment ouverts en, par moi, remboursant le prix des billets aux spectateurs qui n'auraient pas de place dans la salle;

Que les consignes données par l'autorité, à mes portiers et concierges, ne puissent pas mettre obstacle à l'exécution de celles que je leur donnerai moi-même; qu'en aucun cas, ni dans aucune circonstance, l'administration ne puisse donner les entrées dans les salles ou sur les théâtres à qui que ce soit;

Qu'à l'exception de vous, Monsieur le Maire, et de M. le Préfet, aucune autorité ne puisse assister aux répétitions, s'il n'y est par moi prié.

Que l'indemnité de la garde de service étant déjà réglée, on ne pourra en exiger une plus élevée pour quelque motif que ce soit ; et que cette garde, en tout ou en partie, ne soit introduite dans la salle que dans les cas prévus par la loi ;

Que les billets dits de police ne puissent être employés qu'à cette destination, et que l'autorité agisse pour faire réprimer les individus qui se permettraient d'en faire le trafic ;

Que l'administration reconnaisse n'avoir aucune action sur mes employés ; enfin qu'elle fera mettre au néant toutes les sentecnes introduites contre eux.

Ces dispositions sont les seules, vous le reconnaîtrez, Monsieur le Maire, au moyen desquelles je puisse convenablement diriger mon entreprise et assurer le succès auquel je dois aspirer.

Si, contre mon attente, vous ne croyez pas devoir les adopter, au point où en sont les choses, il ne me resterait qu'à prendre le seul parti convenable, et pour vous et pour moi, celui de la retraite, et de vous prier de vouloir bien agréer, pour me remplacer, M. Gaussens que vous aviez admis pour mon concurrent quand je devins adjudicataire. Il a la capacité qu'il avait alors ; il offre les mêmes garanties qu'il présentait alors ; il aura un avantage de plus, celui de trouver une administration bien montée et une réunion d'élémens de prospérités qui n'existaient pas à cette époque.

Tout ce qui se passe, Monsieur le Maire, vous est sans doute pénible ; j'en suis également affecté. Mais vous me rendrez cette justice que j'ai tout fait pour éviter cet état de choses, et qu'une parfaite intelligence n'aurait pas cessé de régner si vous aviez eu l'extrême bonté d'accueillir les réclamations verbales et écrites que j'ai eu l'honneur de vous adresser confidentiellement.

Je suis avec le plus profond respect ,

MONSIEUR LE MAIRE ,

Votre très-humble et très-obéissant serviteur ,

Bordeaux , le 6 Janvier 1829.　　BAIGNOL.

MAIRIE DE BORDEAUX.

Bordeaux , le 6 Janvier 1829.

MONSIEUR ,

Je m'empresse de répondre à la partie de votre lettre de ce jour, qui, seule, me paraît raisonnable.

Jamais je ne fus plus disposé, qu'en ce moment, à accepter un successeur que vous me présenterez pour diriger votre entreprise. Veuillez, en nous l'offrant, remplir toutes les formalités qui sont de votre compétence ; de son côté l'administration municipale, en garantissant ses intérêts, mettra la plus grande activité à conclure une affaire qui lui assurera peut-être une tranquillité à laquelle elle aspire plus vivement encore que vous-même.

J'ai l'honneur de vous saluer avec une parfaite considération.

Le Maire de la ville de Bordeaux , Gentilhomme de la Chambre du Roi ,

Le vicomte DU HAMEL.

MONSIEUR LE MAIRE ,

S'il vous tarde de me remplacer, il m'en coûte d'abandonner une administration à laquelle je dois le bonheur de vous connaître et d'avoir pu apprécier vos rares qualités.

Vous préférez plutôt ma retraite que de donner vos ordres

pour que votre administration , reconnaissant mes droits , me laisse paisiblement diriger mes trois théâtres, et je dois vouloir tout ce qu'il vous plaît.

J'emporterai, Monsieur le Maire, vos nombreuses et charmantes lettres ; en me rappelant vos bontés , elles me rappelleront aussi tout ce qu'elles contiennent d'agréable et de flatteur pour moi , et ma consolation sera de les lire.

Pour me conformer à vos désirs , je viens de céder mes droits à M. Gaussens ; je signerai l'acte par lequel vous l'acceptez à ma place , quand votre notaire voudra bien me faire savoir qu'il est dressé.

Je suis avec le plus profond respect ,

MONSIEUR LE MAIRE,

Votre très-humble et très-obéissant serviteur ,

BAIGNOL.

MONSIEUR LE MAIRE ,

D'après votre lettre en date d'hier , vous acceptez ma démission comme la seule chose qui fût raisonnable : dans ma lettre du même jour , et voulant vous plaire , j'ai du signer dès ce matin l'acte par lequel je transmets mes droits à M. Gaussens.

Vous me faites à l'instant une demande spéciale pour que cette cession soit acceptée par vous ; je viens en conséquence vous la réitérer , m'en référant d'ailleurs à ma correspondance avec vous , sur les motifs qui me font prendre cette détermination. Bordeaux , le 7 Janvier 1829.

Je suis avec le plus profond respect ,

MONSIEUR LE MAIRE ,

Votre très-humble et très-obéissant serviteur ,

BAIGNOL.

Monsieur le Maire ,

Je suis instruit que M. Gaussens n'a pu terminer avec votre administration.

Les explications que je vous ai données ont dû vous convaincre de tous les torts que votre administration a eu envers moi ; et puisque je ne suis pas remplacé, je suis fondé à vous supplier de reconnaître qu'elle m'a troublé dans ma jouissance, qu'elle a porté atteinte à mes droits et qu'elle a usé d'un arbitraire sans exemple. Si, par égard pour elle , vous ne voulez pas convenir de ses écarts, je dois assez compter sur votre justice pour croire que vous voudrez bien l'obliger à se renfermer désormais dans ses attributions et à me laisser jouir de toutes mes prérogatives , telles qu'elles sont développées dans le Mémoire que j'ai eu l'honneur de vous remettre , et dans ma lettre du 6 courant.

Je dois vous l'avouer avec franchise , Monsieur le Maire , je crains que l'on ne vous ait prévenu contre moi , et qu'on ne vous ait empêché d'apprécier la gravité des faits que j'ai mis sous vos yeux. C'est par déférence pour vous que j'en ai réduit le nombre , car il en existe assez d'autres , si je l'eusse voulu , pour fournir matière à un second Mémoire aussi volumineux que celui qui est dans vos mains. Je ne puis cependant résister au besoin qui me presse de vous en faire connaître quelques-uns : M. de Pradel , l'improvisateur , arrive , il y a un an , à Bordeaux , et donne des soirées au Waux-Hall ; je prouve à M. de Comet que les billets d'entrée sont vendus , en lui en portant deux que j'avais achetés 10 fr., et en lui remettant les quittances des libraires chargés de les distribuer ; je lui re-

mets aussi un arrêté de M. le Préfet , portant qu'il devait empêcher les soirées de M. de Pradel , si celui-ci ne fournissait
caution pour la portion revenant aux pauvres et à moi dans le
montant de ses recettes ; M. de Comet n'écouta pas mes réclamations , et je ne pus recevoir 5oo fr. qui me revenaient
sur ces recettes : aujourd'hui je suis obligé d'en répéter le payement contre la ville.

Un jour de grande représentation , M. Lamarle , commissaire de police , prend la résolution , pour la livrer au public,
de faire évacuer une loge qu'occupaient quelques artistes , et
qui depuis quarante-neuf ans leur est exclusivement affectée; il
enjoint à mon sous-régisseur, M. Duclos , de les faire retirer;
celui-ci, avant d'agir, crut devoir consulter son chef immédiat,
le régisseur. Offensé de cette hésitation , M. Lamarle l'apos-
trophe et lui demande s'il raisonne : le sous-régisseur se dispo-
sait à obéir, lorsqu'il entendit ce fonctionnaire dire au portier :
Qu'est-ce que ce f…. drôle ? je crois qu'il refuse d'exécuter
mes ordres. Revenu sur ses pas , le sous-régisseur adressa des
reproches si énergiques à M. Lamarle , qu'il crut prudent et
nécessaire de faire des excuses en présence de plus de dix personnes.

Il y a environ deux mois , un agent se présente sur le théâtre et dit , d'un ton fort élevé : *Dites donc, M. le régisseur,
M. le commissaire de police s'ennuie d'attendre; il vous fait
demander, une fois pour toutes, si vous n'êtes pas las d'abu-
ser de sa patience ?* M. Peyssard, ne pouvant se contenir, traita
cet agent d'impertinent; il fut aussitôt mandé par M. de Comet qui lui dit qu'en pareil cas il ne fallait rien répondre, mais
qu'il pouvait se plaindre à l'autorité.

Ainsi, lorsque, pour faire cesser les justes murmures des abonnés, Mme Baignol a fait prier l'un de vos agens de sortir d'une loge où vous lui aviez défendu de se placer, votre administration a bien voulu m'apprendre que sans l'intervention de M. le commissaire Mazeau il se serait livré à des *invectives violentes* envers ma femme, et la même administration défend de répondre à cet agent s'il nous dit des impertinences.

Voici encore un fait qui prouve combien peu cette administration respecte mes droits, et sa tendance à s'en arroger, *même depuis que je vous ai soumis mon Mémoire, ne lui appartient pas :* il y a sept ou huit jours, M. Mazeau donna au concierge un ordre écrit, portant qu'il laisserait passer une dame pour aller établir aux secondes du Grand-Théâtre une boutique de quincaillerie. Vous le voyez, Monsieur le Maire, sans mon assentiment, sans même me prévenir, on dispose de mon théâtre ; et cependant on n'a pas voulu, avec le consentement de M. le Préfet, y laisser jouer Gonthier que le public appelait, et qui, en faisant augmenter mes recettes, *aurait accru aussi la portion afférente aux pauvres.*

Je vous avais d'abord annoncé que je ne ferais pas imprimer mon Mémoire ; mais M. de Comet ayant continué de poursuivre mes régis-eurs, qui malgré ses instigations ont été acquittés par les Tribunaux, j'ai dû, pour être prêt à me défendre, recourir à ce moyen; toutefois, comme je vous l'ai fait connaître, je ne l'ai pas publié. Je devais donc croire qu'appréciant cette réserve de ma part, M. de Comet ne renouvellerait pas ses attaques contre moi; mais j'apprends qu'il vous a fait un rapport qui tend à vous persuader que mon administration fait vendre des billets et des contremarques. Une pareille accusation ne

peut être portée avec légèreté ; dans la position où nous sommes
elle devrait être appuyée de fortes preuves, autrement elle a un
caractère que je n'ose définir. Comment dois-je y répondre ? En
priant M. Andrieu de consulter ses agens qui, *j'en ai la certitude*, affirmeront que les billets mis en vente, *font partie
de ceux que je donne pour la police*, et que l'on n'a recours
aux contremarques que l'on prend, *dès l'ouverture des portes*
des théâtres, que pour masquer ce trafic.

J'ai expliqué dans mon Mémoire ce qui se passait à cet égard ;
ne suis-je pas dans la nécessité de le publier pour me justifier
non-seulement aux yeux du public, mais aussi aux yeux de
mes commanditaires qui verraient, dans l'emploi de ce moyen,
une source honteuse de profits pour moi ?

Cette publication blessera peut-être ; mais à qui devra-t-on
attribuer le scandale ? à moi, qui expose des griefs que l'on ne
ne peut contester, ou à ceux qui, pour me nuire, ont recours à
la calomnie, qui la mettent en usage, lorsque, tranquille et con-
fiant dans votre équité, j'en attends une décision qui mette fin
aux tracasseries et aux humiliations dont on m'accable.

Il est un moyen de la prévenir encore, cette publication ; le
voici : que votre administration reconnaisse que l'imputation
qui m'est faite au sujet de la vente des billets est fausse, et qu'elle
prenne pour son compte ou pour celui de ses amis la suite de
mes affaires, à dater du 20 Février, du 20 Mars, ou même
du 20 Avril ; si l'on agit ainsi, nous serons tous satisfaits, moi,
de n'avoir plus à me plaindre d'humiliations, d'abus de pouvoirs,
d'arrestations injustes et arbitraires, et votre administration de
n'avoir plus à écouter les réclamations d'un homme que l'on

8

traite d'insolent , parce qu'il a le courage de faire entendre des vérités qui peuvent être pénibles sans doute , mais dont toute la force appartient aux personnes qui leur ont donné naissance.

Je suis avec respect ,

MONSIEUR LE MAIRE ,

Votre très-humble et très-obéissant serviteur ,

BAIGNOL.

Bordeaux , le 17 Janvier 1829.

MONSIEUR LE MAIRE ,

Je venais de vous adresser ma lettre du 17 , *à laquelle vous n'avez pas cru devoir répondre,* lorsque je reçus sous enveloppe , *et sans lettre d'envoi ,* un exemplaire de votre arrêté du 10 courant, qui ordonne à mes régisseurs de porter en *personne,* à l'autorité, les billets qui seront jetés sur la scène ; après avoir prouvé , par mon Mémoire , qu'une pareille mesure était illégale et inexécutable ; après avoir fait juger par les Tribunaux qu'elle ne pouvait être obligatoire pour ces employés , j'ai dû éprouver , en lisant cet arrêté , un étonnement dont je n'ai pu me remettre encore , malgré tous mes efforts. J'y ai vu le signe certain de l'hostilité dont votre administration me menaçait *de nouveau ;* j'y ai vu que je n'avais *plus de repos à espérer ,* et que désormais , *comme depuis huit mois ,* je devais *me partager* entre les soins pénibles de ma vaste administration , les discussions avec votre administration et les actions judiciaires qu'elle m'obligerait à soutenir pour échapper à ses prétentions mal fondées.

Dans cet état de choses, il ne me reste qu'un seul parti à prendre, c'est de renoncer à la direction des théâtres; j'ai hésité quelques instans à l'adopter, mais enfin j'y suis résolu.

Si vous le voulez, Monsieur le Maire, ma retraite ne peut donner lieu à aucune difficulté, à aucune secousse : que votre administration se mette à mon lieu et place, à compter du 21 de ce mois, qu'elle me tienne compte des décors, bois, machines et accessoires que j'ai fait faire pour la *Muette*; qu'elle me tienne compte des décors, accessoires, costumes, musique, et enfin, de tout ce qui peut m'appartenir aux trois théâtres; qu'elle me tienne compte, enfin, des sommes que j'ai avancées à mes pensionnaires, et qu'on m'accorde, d'après des arbitres, une bonification d'usage en pareil cas, soit pour les deux mois d'hiver à passer, soit pour les bals, *et je suis prêt à payer sur le champ*, 1.° tout ce que je puis devoir à mes pensionnaires et à mes fournisseurs; 2.° à payer à votre administration ce que je puis lui devoir pour décors et habits; 3.° à lui payer, enfin, les sommes que je dois à mes abonnés ou pour loges louées.

Si cette proposition n'est pas acceptée, je n'en opère pas moins ma retraite immédiate; et, dans ce cas, je laisse dans vos mains pour couvrir les dépenses :

Pour cautionnement que vous avez dans vos caisses 30,000ᶠ
Que vous me devez pour indemnité, environ..... 3,000
Que la ville me doit pour les soirées de M. Pradel. 500
Pour le mobilier de mes trois théâtres, décors de la *Muette* et accessoires 25,000

TOTAL............... 58,500ᶠ

Me réservant de réclamer de votre administration la preuve de l'emploi de cette somme à la décharge de mon entreprise, le remboursement de ce qui pourrait en rester disponible ; car, je ne puis en douter, si des difficultés étaient soulevées, les Tribunaux reconnaîtraient que je n'ai cédé qu'à une force majeure, et ils ne refuseraient pas de protéger mes droits, et même de m'accorder des dommages si j'en réclamais.

Si votre administration, qui sera bien obligée de prendre ma place, refuse ma proposition, elle aura à se reprocher d'avoir nui, sans bénéfice pour elle, aux intérêts de mes abonnés, pensionnaires et fournisseurs ; mais elle m'aura obligé à manquer, triste consolation, Monsieur le Maire, et je pourrais même dire, triste plaisir que personne ne lui enviera.

Mais rien ne saurait me faire changer de résolution, puisque *votre nouvel arrêté* et les nombreuses tracasseries que je vous ai signalées, entravent la marche de mon entreprise et la rendent impossible ; cette opinion, Monsieur le Maire, trouvera sans doute des approbateurs dans votre administration, à l'égard de votre arrêté, puisque l'un de ses membres (M. Lucadou) a déjà déclaré, par écrit, que la mesure prescrite était inexécutable. Voici sa déclaration :

« Nous soussigné, adjoint de Maire, déclarons que le 26 » du mois dernier, étant au Grand-Théâtre, le sieur Peys- » sard, régisseur, nous apporta, vers la fin du spectacle, un » billet qui avait été jeté sur la scène, et que, lui ayant fait » observer le retard qu'il avait mis à en faire la remise, il nous » fit remarquer *que le soin qu'il était obligé de donner à la* » *représentation ne lui avait pas permis de venir plus tôt ;*

» *que nous admîmes ses explications et lui permîmes, lors-*
» *que nous serions de service, de nous envoyer à l'avenir*
» *ces billets par un appariteur que nous ferions passer à cet*
» *effet sur le théâtre.*

» Bordeaux, 8 Novembre 1828.

» Signé LUCADOU, *Adjoint de Maire* ».

Peut-être dira-t-on qu'avant d'adopter le parti que je prends, j'aurais dû invoquer l'appui de l'autorité supérieure. Deux motifs, Monsieur le Maire, m'en ont empêché : le premier, parce que, sur la demande de votre administration, et en présence *de témoins*, je lui avais donné ma parole de ne pas exercer ce recours; le second, parce qu'alors même que cette autorité eût accueilli mes réclamations, je serais resté aux prises avec votre administration qui n'aurait pas manqué de trouver chaque jour de nouveaux prétextes pour continuer de me fatiguer et d'entraver ma marche; car, vous le savez Monsieur le Maire, comme nous l'apprend un vieux proverbe : *Le pot de terre ne saurait lutter avec succès contre le pot de fer.*

Je suis avec le plus profond respect,

MONSIEUR LE MAIRE,

Votre très-humble et très-obéissant serviteur,

BAIGNOL.

22 Janvier 1829.

www.ingramcontent.com/pod-product-compliance
Lightning Source LLC
Chambersburg PA
CBHW070942280326
41934CB00009B/1981